Paramahansa Jogananda
(1893 – 1952)

Uzdrawianie nieograniczoną mocą Bożą

Paramahansa Jogananda

Z serii „Jak żyć"

Tytuł oryginału w języku angielskim wydanego przez

Self-Realization Fellowship, Los Angeles (Kalifornia):
Healing by God's Unlimited Power

ISBN: 978-0-87612-391-1

Przekład na język polski: Self-Realization Fellowship

Copyright © 2024 Self-Realization Fellowship

Wszelkie prawa zastrzeżone. Z wyjątkiem krótkich cytatów w recenzjach, żadna część broszury *Uzdrawianie nieograniczoną mocą Bożą (Healing by God's Unlimited Power)* nie może być powielana, przechowywana, przesyłana ani rozpowszechniana w jakiejkolwiek formie, ani za pomocą jakichkolwiek środków (elektronicznych, mechanicznych lub innych) dostępnych obecnie lub w przyszłości – włącznie z systemem kopiowania, nagrywania lub jakimkolwiek innym, który umożliwia przechowywanie i odtwarzanie informacji – bez uprzedniej pisemnej zgody Self-Realization Fellowship, 3880 San Rafael Avenue, Los Angeles, California 90065-3219, USA.

 Wydanie autoryzowane przez International Publications Council of Self-Realization Fellowship

Nazwa i emblemat *Self-Realization Fellowship* (widoczny powyżej) widnieją na wszystkich książkach, nagraniach oraz innych publikacjach wydanych przez SRF i upewniają czytelnika, że są to oryginalne prace organizacji założonej przez Paramahansę Joganandę i że wiernie przekazują jego nauki.

Pierwsze wydanie w języku polskim, 2025
First edition in Polish, 2025
To wydanie, 2025
This printing, 2025

ISBN: 978-1-68568-243-9

1535-J8621

*Istnieje Moc, która oświetli ci
drogę do zdrowia, szczęścia, pokoju i sukcesu,
jeśli tylko zwrócisz się ku temu Światłu.*

– Paramahansa Jogananda

Uzdrawianie nieograniczoną mocą Bożą

Paramahansa Jogananda

Wykład wygłoszony w świątyni Self-Realization Fellowship[1] w Hollywood w Kalifornii 31 sierpnia 1947

Są trzy rodzaje chorób: fizyczne, psychiczne i duchowe. Choroby fizyczne powodowane są różnymi formami toksycznych oddziaływań, infekcjami i wypadkami. Choroby psychiczne powodowane są lękiem, zmartwieniami, złością i innymi zaburzeniami emocjonalnymi. Przyczyną choroby duszy jest niewiedza człowieka o jego prawdziwym związku z Bogiem.

Najcięższą chorobą jest niewiedza. Kiedy usunie się niewiedzę, usunie się zarazem przyczyny wszystkich chorób ciała, umysłu i duszy. Mój guru, Śri Jukteśwar dźi, często powtarzał: „Mądrość jest najlepszym środkiem oczyszczającym".

Usiłowania przezwyciężenia różnych rodzajów cierpienia ograniczoną mocą, jaką posiadają materialne metody

---

[1] Dosłownie tłumacząc – „Stowarzyszenie Samorealizacji". Paramahansa Jogananda wyjaśnił, że nazwa Self-Realization Fellowship oznacza „wspólnotę z Bogiem poprzez Samorealizację i przyjaźń ze wszystkimi poszukującymi prawdy duszami".

leczenia, często rozczarowują. Trwałe uzdrowienie chorób ciała, umysłu i duszy możliwe jest jedynie za pomocą nieograniczonej mocy metod duchowych. Tej bezgranicznej mocy uzdrawiania należy szukać w Bogu. Jeśli cierpiałeś psychicznie z powodu utraty najbliższych, możesz odnaleźć ich na nowo w Bogu. Wszystko jest możliwe z Jego pomocą.

Dopóki człowiek prawdziwie nie pozna Boga, to nie ma prawa twierdzić, że istnieje tylko umysł i że nie potrzeba stosować się do zasad zachowania zdrowia ani używać jakichkolwiek środków leczniczych w fizycznej postaci. Dopóki nie osiągnie on właściwej świadomości, powinien używać zdrowego rozsądku we wszystkim, co czyni. Jednocześnie nie powinien wątpić w Boga, lecz stale afirmować swą wiarę w Jego wszechobecną moc.

Lekarze starają się poznać i eliminować przyczyny chorób po to, aby choroby się więcej nie zdarzały. Lekarze bardzo sprawnie stosują wiele specjalistycznych metod leczenia na poziomie materialnym. Jednakże nie każdą chorobę można wyleczyć lekami lub chirurgicznie. Na tym głównie polega ograniczoność tych metod.

Chemikalia i lekarstwa oddziałują tylko na zewnętrzną, fizyczną strukturę komórek ciała i nie zmieniają wewnętrznej struktury atomowej ani zasady życia komórek. W wielu przypadkach wyleczenie jest niemożliwe, jeśli uzdrawiająca moc Boża nie skorygowała, od wewnątrz, zaburzeń równowagi „żywotronów", czyli inteligentnej energii życiowej w ciele. Dwie główne przyczyny chorób to niedoczynność i nadczynność energii życiowej, *prany*, która tworzy strukturę ciała i podtrzymuje jego funkcjonowanie. Niewłaściwe funkcjonowanie któregokolwiek z pięciu głównych rodzajów prany – *wjany*, odpowiedzialnej za krążenie, *udany* za metabolizm, *samany* za asymilację, *prany* za krystalizację, *apany* za wydalanie – negatywnie wpływa na zdrowie ciała. Kiedy naturalna, harmonijna równowaga tych energii subtelnych zostaje przywrócona cudowną mocą Boga, to równowaga atomów w komórkach fizycznych, które te energie zasilają, zostaje również przywrócona; zachodzi całkowite uzdrowienie i często jest ono natychmiastowe. Dopóki utrzymujemy zrównoważoną witalność dzięki prawidłowemu stylowi życia, właściwemu odżywianiu się i medytacjom *pranajamicznym* (technikom kontrolującym przepływ energii życiowej), dopóty własna energia życiowa ciała, jak prądem, „poraża" chorobę, zanim zdoła się ona rozwinąć.

Zrównoważony rozwój jest niezbędny

Obrażenia ciała i choroby są częstszą przyczyną śmierci niż starość. Większość ludzi umiera, zanim się zestarzeje. W niektórych wyjątkowych przypadkach wszystkie części ciała słabną jednocześnie i osoby te umierają bezboleśnie, jak dojrzały owoc, który spada z drzewa we właściwym czasie. Jednak większość ludzi zostaje zerwana z drzewa życia, zanim rzeczywiście dojrzeje do śmierci.

W większości przypadków przyczyną śmierci jest to, że jedna część ciała przestaje funkcjonować, zanim uczynią to inne. Może się również zdarzyć, że jedna część ciała jest silniejsza lub bardziej rozwinięta od innych, i dochodzi wtedy do zaburzenia siły życiowej w ciele, co może spowodować cierpienie, a nawet śmierć. Na przykład ktoś ze słabym sercem w bardzo umięśnionym ciele może uszkodzić je przez nadużywanie siły mięśni. Sandow[2], „siłacz", zmarł w wieku pięćdziesięciu ośmiu lat, kiedy pękło mu naczynie krwionośne w mózgu w rezultacie podniesienia samochodu jedną ręką. Przetrenowanie się, które prowadzi do niezrównoważonego rozwoju, może więc mieć zgubne konsekwencje.

Ćwiczenia Energetyzujące[3] Self-Realization Fellowship nie nadwerężają serca i zapewniają równomierny rozwój ciała. Zwykły ruch na świeżym powietrzu (spacerowanie), zrównoważona dieta i umiar w jedzeniu, spokojna medytacja – to wszystko sprzyja zdrowiu.

---

2 Eugene Sandow (1867 – 1925), propagator kultury fizycznej i zapasów, znany ze swej muskularnej budowy ciała i możliwości fizycznych. Sławny atleta podróżował po świecie, propagując swoje poglądy na temat sprawności fizycznej.

3 Ćwiczenia te, służące do energetyzowania ciała poprzez świadome kierowanie praną za pomocą siły woli, opracował Paramahansa Jogananda w 1916 r. Są one wyłożone w Lekcjach Self-Realization Fellowship (nota Wydawcy).

Przestrzegaj praw natury i miej więcej wiary w Boga

Mistrz może ignorować, bez negatywnych skutków dla siebie, zasady dietetyczne i inne zasady zdrowotne. Jednak zwykły człowiek powinien dbać o dobre funkcjonowanie ciała poprzez właściwe przestrzeganie praw natury.

Dieta powinna być mądrze dobrana. Aby być zdrowym, ciało potrzebuje określonych ilości skrobi, białka i tłuszczu, jednak ich nadmiar może być szkodliwy. Skrobi potrzeba bardzo mało – chleba nie uważa się już dłużej za podstawę wyżywienia. Zbyt dużo skrobi w diecie, zwłaszcza z białej mąki, powoduje nadmierne gromadzenie się śluzu w ciele. (Pewna ilość śluzu jest oczywiście potrzebna, aby zapobiec przenikaniu szkodliwych bakterii przez błony śluzowe). Jedz dużo pokarmów z dużą zawartością soli mineralnych, takich jak owoce i warzywa. Taka dieta zapobiega zaparciom, które czynią ciało podatnym na wiele chorób.

Natura odruchowo usiłuje usunąć przyczyny dolegliwości ciała. Kiedy paproch wpadnie do oka, bezwiednie mrugamy, aby go usunąć. Kiedy kurz wpadnie do nosa, kichamy. Kiedy zjemy coś niezdrowego, wymiotujemy. Kiedy choroba atakuje jakiś narząd wewnętrzny, natura zapewnia wiele środków, dzięki którym narząd może się chronić, bronić i regenerować. Jednakże z powodu różnych przyzwyczajeń, które izolują większość ludzi od naturalnego sposobu życia, wrodzone zdolności człowieka do zdrowienia i odnowy zostają zaburzone i przedwcześnie utracone.

Szkodliwe bakterie nieustannie atakują ciało, pożyteczne bakterie nieustannie go bronią, wspomagane czasami dietą, ziołami, lekami i innymi terapiami. *Ale nieograniczonym źródłem ochrony dla człowieka jest jego usilna myśl, że jako dziecko Boga nie może być zaatakowany przez chorobę.*

Umysł ma o wiele większą moc niż lekarstwo. Niemniej jednak, nierozsądnie jest negować moc leków, bo gdyby jej nie miały, człowiek mógłby zażyć truciznę i nie umarłby. Chociaż nie powinno się negować mocy leków i środków farmakologicznych, należy zrozumieć, że ciągłe poleganie na nich udowodni, iż jest ona ograniczona – nastąpi moment, kiedy przestaną one być skuteczne w przywracaniu zdrowia. Jedyną nieskończoną moc uzdrawiania mają umysł i dusza człowieka. Nie można jednak uzdrowić ciała metodami duchowymi, jeśli moc umysłu i wiara są słabe. Trwałe uzdrowienie przychodzi dzięki nieograniczonej mocy umysłu i łasce Bożej.

Owoce, warzywa i orzechy lepsze od mięsa

Zgodnie z pewną szkołą myślenia z niektórych chorób można się wyleczyć, spożywając narządy zwierząt. Dziki człowiek zjada serce lwa, wierząc, że w ten sposób wzmocni własne serce. Uważa się, że tkanki kurzych serc wzmacniają serce ludzkie, a wątróbka pomaga na anemię. Jednakże liczne autorytety medyczne twierdzą, że wiele produktów bogatych w żelazo i witaminy, takich jak jajka, orzechy nerkowca, soja, melasa, suszone morele, suszona fasola limeńska, groch, pasternak, szpinak i natka pietruszki mogą z powodzeniem zastąpić wątróbkę w leczeniu anemii. Pepsyna otrzymywana z narządów zwierzęcych pomaga w przypadku wrzodów żołądka, ale papaina, enzym bardzo podobny do pepsyny, występujący w owocach papai, jest bardzo cennym środkiem leczniczym dla cierpiących na wszelkie zaburzenia trawienne.

Kiedy człowiek jest chory, może uważać za uzasadnione jedzenie wszystkiego, co ma wartość leczniczą, ale produkty pochodzenia zwierzęcego nie są w istocie konieczne do tego celu. Tak naprawdę mogą zwiększyć obciążenie organizmu, wprowadzając do krwi toksyny. Tak więc, chociaż produkty pochodzenia zwierzęcego mogą pomóc w leczeniu jednej choroby, to niekiedy stwarzają warunki do rozwinięcia się innego schorzenia w innej części ciała. Dlatego najbezpieczniejszą dietą dla człowieka są świeże owoce, warzywa, drobno zmielone orzechy oraz białko pochodzące z roślin i produktów mlecznych. W niektórych przypadkach organizm może nie tolerować surowych owoców i warzyw, ale większość ludzi skorzysta, włączając je do codziennej diety.

Bóg napełnił warzywa i owoce mocą leczniczą, aby pomóc nam w pokonywaniu chorób. Jednak nawet one mają ograniczoną siłę działania. Narządy ciała są przede wszystkim odżywiane boską energią, zatem osoba, która stosuje różne metody zwiększenia tej energii, będzie dysponowała większą mocą uzdrawiania od tej, jaką posiadają lekarstwa i diety.

Oczyść ciało ze szkodliwych toksyn

Trzy czwarte ciała składa się z wody. Dlatego zapotrzebowanie ciała na wodę jest znacznie większe niż na pokarm. (Śmierć z pragnienia powoduje znacznie dotkliwsze cierpienie niż śmierć z głodu). Ważne jest dostarczanie ciału dużej ilości wody. Wskazane jest także picie niesłodzonych soków owocowych. W miejscach, gdzie woda zawiera tak dużo wapnia, że u człowieka pojawia się tendencja do stwardnienia tętnic, powinien on pić zamiast wody soki owocowe i jeść arbuzy, kantalupy i podobne soczyste owoce. Niektórzy uczeni zajmujący się problematyką zdrowia mówią jednak, że osoby mające kłopoty z zatokami nie powinny pić soków z owoców cytrusowych.

Pamiętaj o piciu dużej ilości płynów (i nie mam tu na myśli napojów gazowanych!), aby wypłukać toksyny z ciała. Unikaj jednak picia podczas posiłków, bo to może źle wpłynąć na trawienie. Mamy tendencję do popijania każdego kęsa jedzenia bez dokładnego przeżuwania. Jeśli skrobia nie zostanie częściowo przetrawiona w ustach, to często nie zostanie w pełni strawiona w żołądku. Ważne jest dokładne przeżuwanie pożywienia – żołądek nie ma zębów. Szkodliwe jest jedzenie w pośpiechu, zwłaszcza jeśli pije się dużo przy posiłku, rozcieńczając w ten sposób soki trawienne. Także picie płynów przy posiłku sprzyja otyłości.

Ważne jest, aby zachować zdrowy układ krwionośny. Wołowina i wieprzowina mogą wydzielić do krwioobiegu toksyny i mikroby. Białe ciałka starają się zniszczyć mikroby, ale jeśli mikroby są silne, a białych ciałek jest za mało, aby się im oprzeć, następuje zatrucie organizmu. Dla tych, którzy jedzą mięso, lepsze od wołowiny i wieprzowiny, które silnie zakwaszają organizm, są ryby, kurczaki i jagnięcina.

Najważniejszą zasadą dotyczącą odżywiania jest unikanie każdej formy nadużywania. W miarę jak uczymy się pohamowywać, stajemy się zdrowsi. Często zdarza się, że ktoś ma tak wielką ochotę na jakiś specjał, iż sądzi, że nie zdoła się opanować. Rządzą nim zmysły, nakazując mu go zjeść, nawet jeśli wie, że może mu to zaszkodzić. Jeśli osoba ta przestanie ulegać złym nawykom, to stwierdzi, że przestaje lubić to, co jest dla niej szkodliwe, i zaczyna lubić to, co jest korzystne. Obżartuchy opychają się do syta i patrzą, co by tu jeszcze zjeść. Przejadając się, ryzykują obciążeniem pompy serca, która była nadwyrężana przez być może czterdzieści lat!

Wiele osób, nie zastanawiając się nad tym, je późno wieczorem. Zwykle szybko potem zasypiają. Podczas snu spowalnia się funkcjonowanie maszynerii ciała. Źle strawione jedzenie może zalegać w żołądku. Dlatego jedzenie tuż przed snem jest niewskazane.

Jednak dla ciała i umysłu nie ma nic gorszego niż picie odurzających alkoholi. Pod ich wpływem człowiek może robić to, czego wstydziłby się, będąc trzeźwym. Rezultatem pijaństwa może być przemoc, chciwość, żądza pieniędzy i seksu, a nawet morderstwo. Mędrcy twierdzą, że przekonanie, iż wino, seks i pieniądze dają szczęście, jest głównym złudzeniem, którego człowiek musi się wyzbyć, aby uświadomić sobie swoją prawdziwą naturę.

Alkohol zwiększa żądzę pieniędzy i seksu, i dlatego jest najgorszym złem z tych trzech. Jest niepotrzebną i wyjątkowo niebezpieczną przyjemnością, ponieważ otępia umysł. Człowiek pijany przestaje być prawdziwym człowiekiem. Mądrością jest starać się utrzymywać naturalne apetyty.

Zwiększ swoją naturalną odporność na choroby

Naturalną metodą uzdrawiania jest poszczenie. Kiedy zwierzęta lub dzicy ludzie są chorzy, to poszczą. Maszyneria ciała ma wtedy szansę oczyścić się i wypocząć, czego bardzo potrzebuje. Rozsądnym postem można się wyleczyć z większości chorób[4]. Jeśli tylko serce nie jest słabe, jogini zalecają regularne krótkotrwałe posty jako doskonały środek na zachowanie zdrowia. Inną dobrą metodą leczenia na poziomie fizycznym jest stosowanie odpowiednich ziół i wyciągów ziołowych.

Stosując lekarstwa, często dochodzimy do wniosku, że nie są one wystarczająco silne, aby uleczyć albo są tak silne, że zamiast leczyć, podrażniają tkanki ciała. Podobnie różne rodzaje „uzdrawiającego promieniowania" powodują poparzenia tkanek. Metody leczenia na poziomie fizycznym mają bardzo wiele ograniczeń!

Lepsze od lekarstw są promienie słoneczne. Mają one

[4] W Armenii dr Grant Sarkisjan z powodzeniem stosował głodówkę do leczenia różnorodnych schorzeń, w tym astmy [płucnej], chorób skórnych, arteriosklerozy w początkowym stadium, nadciśnienia, stenokardii i chorób przewodu pokarmowego. Po opuszczeniu szpitala powinno się stosować specjalną dietę, przede wszystkim dania warzywne i owocowe, które według dra Sarkisjana sprzyjają długowieczności.

W Związku Radzieckim dr Uri Nikolajew aplikował pacjentom terapię głodem przez ponad dwadzieścia lat. Stwierdził on, że pomogła ona 64% pacjentów. Cierpieli na chorobę umysłową: schizofrenię.

W bazie George Air Force w Victorville w Kalifornii dwudziestu czterech pacjentów cierpiących na otyłość poddało się terapii głodem, która trwała do osiemdziesięciu czterech dni. Szesnastu ukończyło terapię. Utrata wagi wahała się od osiemnastu do czterdziestu pięciu kilogramów. Dr Robert M. Karns, który prowadził eksperyment, doniósł też, że czterdziestoośmioletni pacjent chory na cukrzycę, który przed głodówką otrzymywał dwadzieścia pięć jednostek insuliny dziennie, po głodówce przerwał przyjmowanie insuliny. Sześćdziesięcioletni pacjent, chory na artretyzm i serce, stwierdził, że stan jego zdrowia się poprawił.

Doświadczenia z myszami, na których testuje się terapie dla ludzi, wykazały, że możliwe jest wydłużenie ich życia o połowę. Jaką terapię zastosowano? Głodówkę (nota Wydawcy).

cudowną moc uzdrawiającą. Codziennie powinno się zażywać dziesięciominutowych kąpieli słonecznych. Lepiej jest przebywać na słońcu dziesięć minut dziennie niż od czasu do czasu wystawiać się dłużej na słońce[5]. Krótkotrwałe codzienne opalanie się, w połączeniu z odpowiednimi nawykami zdrowotnymi, dostarczą ciału wystarczająco dużo energii życiowej, aby zniszczyć wszystkie szkodliwe mikroby.

Ludzie zdrowi mają naturalną odporność na choroby, szczególnie na infekcje. Choroba pojawia się, gdy moc odpierania infekcji przez krew zmniejsza się z powodu złego odżywiania albo przejadania się, albo kiedy zbyt częste uprawianie seksu osłabiło energię życiową. Aby zachować twórczą energię fizyczną, trzeba zaopatrywać wszystkie komórki w dynamiczną energię życiową. Wtedy ciało ma ogromną odporność na choroby. Nadużywanie seksu osłabia ciało i czyni je podatnym na schorzenia.

Możesz wydłużyć swoje życie

Jest rzeczą naturalną, że łatwiej jest pokonać chorobę, gdy jest się młodym, niż gdy jest się w podeszłym wieku. (Zawsze jednak istnieją wyjątki z powodu uwarunkowań

---

5 Mądrze jest ograniczyć kąpiele słoneczne do wczesnej i późnej pory dnia. Zawsze należy chronić wrażliwą skórę przed nadmiernym nasłonecznieniem. W przypadku pytań dotyczących przebywania na słońcu powinno się zasięgnąć porady lekarza (dermatologa) i stosować się do nich (*nota Wydawcy*).

karmicznych). Obecnie[6] przeciętna długość życia wynosi sześćdziesiąt lat. Wielu lekarzy zgadza się, że z łatwością można przedłużyć życie, prowadząc właściwy tryb życia. Mahawatar Babadźi i niektórzy wielcy mistrzowie żyli po kilkaset lat. Życie można przedłużać w nieskończoność – nie dietą, lekarstwami, ćwiczeniami, przebywaniem na słońcu ani innymi ograniczonymi środkami, lecz poprzez kontakt z niezmierzoną mocą Boga. Powinniśmy myśleć nie tylko o ciele, ale także o Duchu. Jeśli osiągniemy doskonałą jedność z Duchem, to osiągniemy również doskonałość ciała[7].

Wielu ludzi jest bez przerwy zajętych troszczeniem się o zdrowie fizyczne, ale zaniedbują oni rozwój umysłu. Klucz do całej mocy tkwi w umyśle. Jeśli nie będziemy rozwijać tej mocy, to gdy pojawi się poważna choroba, możemy umrzeć w każdym wieku, bo organizm nie stawi oporu.

Potęga uśmiechu

Dbaj o zachowanie pełni sił życiowych, przestrzegaj zrównoważonej diety, zawsze się uśmiechaj i bądź szczęśliwy. Kto znajduje radość w sobie, odkrywa, że jego ciało

---

6 Tzn. w 1947 r., kiedy niniejszy wykład był wygłoszony.

7 Niemniej jednak wielcy mistrzowie, którzy osiągnęli doskonałą jedność z Duchem, mogą wytrzymać silne cierpienia ciała – nie dlatego, że zawiódł Duch, ale dlatego, że postanowili, za pozwoleniem boskim, przepracować na własnych ciałach pewne skutki karmiczne złego postępowania innych ludzi, aby im pomóc.

naładowane jest prądem elektrycznym, energią życiową, pochodzącą nie z pożywienia, lecz od Boga. Jeśli czujesz, że nie potrafisz się uśmiechać, stań przed lustrem i palcami rozciągnij usta, tak aby ułożyły się w uśmiech. To jest bardzo ważne!

Metody uzdrawiania, które pokrótce opisałem w związku z dietą, oczyszczaniem ciała ziołami lub postem, mają ograniczoną skuteczność. Jeśli jednak ktoś jest pełen wewnętrznej radości, to przywołuje na pomoc niewyczerpaną moc Boga. Mam na myśli prawdziwą radość, nie taką, którą się udaje, lecz taką, którą się naprawdę odczuwa.

Kiedy twoja radość jest szczera, jesteś milionerem uśmiechów. Prawdziwy uśmiech rozprowadza prąd kosmiczny, *pranę*, po wszystkich komórkach ciała. Szczęśliwy człowiek jest mniej podatny na choroby, ponieważ stan szczęścia faktycznie przyciąga do ciała większą ilość kosmicznej energii życiowej.

Można by długo mówić na temat uzdrawiania. Główna idea jest taka, że powinniśmy bardziej polegać na nieograniczonej mocy umysłu. Należy stosować następujące zasady zapobiegania chorobom: panowanie nad sobą, ćwiczenia, właściwe odżywianie się, picie soków owocowych w dużych ilościach, sporadyczne posty i uśmiechanie się przez cały czas – z głębi duszy. Takie uśmiechy są rezultatem medytacji. Odnajdziesz wtedy wieczną moc Boga. Kiedy przebywasz z Nim w ekstazie, świadomie wprowadzasz Jego uzdrawiającą obecność do swojego ciała.

Trwałe uzdrowienie pochodzi od Boga

Moc umysłu niesie z sobą energię Boga, która nie zawodzi. Taką moc chcesz mieć w ciele. Istnieje sposób wprowadzenia do niego tej mocy. Sposobem tym jest obcowanie z Bogiem w medytacji. Kiedy obcowanie to jest doskonałe, uzdrowienie jest wtedy trwałe. Kiedy spłynie sprawcza moc Boga, uzdrowienie jest natychmiastowe – nie potrzeba czasu, aby idea wywołała pożądany skutek.

Wielu cierpiących ludzi próbuje przywołać tę moc, ale jeśli nie wyzdrowieją natychmiast, tracą wiarę w Pana, zamiast nadal starać się pozyskać Jego pomoc. Człowiek, który zawsze lgnie do Boga, z pewnością zostanie uzdrowiony, ponieważ Bóg wie, że wielbiciel się modli, nie może zatem nie odpowiedzieć. Ale jeśli ten rezygnuje, Ojciec mówi: „W porządku. Widzę, że radzisz sobie beze Mnie. Poczekam na ciebie".

Najwyższą Moc można przywołać niezachwianą wiarą i nieustającą modlitwą. Należy prawidłowo się odżywiać i robić wszystko, co jest potrzebne dla ciała, ale przy tym nieprzerwanie modlić się do Boga: „Panie, Ty możesz mnie uzdrowić, ponieważ rzeczywiście masz władzę nad atomami życia i subtelnymi stanami ciała, do których lekarze nie mogą dotrzeć, stosując leki". Czynniki zewnętrzne, takie jak leki i posty, mają pewien dobroczynny wpływ na ciało fizyczne, ale nie oddziałują na wewnętrzną siłę, która utrzymuje przy życiu komórki. Jedynie wtedy, gdy zwracasz się do Boga i otrzymujesz Jego uzdrawiającą moc, energia życiowa zostaje skierowana do atomów komórek ciała, powodując natychmiastowe uzdrowienie. Czyż nie lepiej więc całkowicie polegać na Bogu?

Jednak przechodzenie z fizycznych metod uzdrawiania na duchowe powinno być stopniowe. Jeśli człowiek przyzwyczajony do objadania się nagle zachoruje i chcąc spróbować się uzdrowić przy pomocy umysłu, nagle rozpoczyna post, to może się zniechęcić, jeśli nie uzyska pożądanych wyników. Zmiana sposobu myślenia, z polegania na jedzeniu na poleganie na umyśle, wymaga czasu. Aby się otworzyć na uzdrawiającą moc Boga, umysł musi być wytrenowany w *wierzeniu* w boską pomoc.

Z tej Wielkiej Mocy bierze się pulsacja całej energii atomów i to Ona przejawia i podtrzymuje każdą cząsteczkę świata materialnego. Tak jak obrazy z wyświetlanych filmów podtrzymywane są przez strumień światła wydobywający się z kabiny projekcyjnej kina, tak my wszyscy jesteśmy podtrzymywani przez Kosmiczny Strumień, Boskie Światło płynące z Kabiny Wieczności. Jeśli będziesz szukać i znajdziesz ten Strumień, ujrzysz Jego nieograniczoną moc odbudowywania atomów, elektronów i żywotronów wszystkich komórek ciała, które mogą nie funkcjonować. Obcuj z Wielkim Uzdrowicielem!

Paramahansa Jogananda
(1893–1952)

„Ideał miłości do Boga i służby dla ludzkości znalazł swój pełen wyraz w życiu Paramahansy Joganandy. [...] Chociaż większą część swojego życia spędził poza Indiami, to zajmuje godne miejsce pośród naszych wielkich świętych. Jego dzieło nieustannie wzrasta i błyszczy coraz jaśniej, przyciągając zewsząd ludzi na ścieżkę pielgrzymki Ducha."

– z hołdu złożonego przez rząd indyjski Paramahansie Joganandzie z okazji wydania pamiątkowego znaczka na jego cześć.

Urodzony 5 stycznia 1893 roku w Indiach, Paramahansa Jogananda poświęcił swoje życie, pomagając ludziom wszystkich ras i wyznań uświadomić sobie i wyrazić pełniej w ich życiu prawdziwe piękno, szlachetność i prawdziwą boskość ludzkiego ducha.

Po ukończeniu studiów na Uniwersytecie Kalkuckim w 1915 roku, Śri Jogananda przyjął oficjalne śluby zakonnika jednego z najczcigodniejszych zakonów monastycznych – Zakonu Swamich. Dwa lata później rozpoczął swoją życiową misję, zakładając szkołę z mottem „jak żyć" – od tego czasu rozrosła się ona do siedemnastu instytucji szkolnych w całych Indiach – w której tradycjonalne przedmioty akademickie oferowane były wraz z *ćwiczeniami* jogi i instruktażem w ideałach duchowych. W 1920 roku zaproszony został jako delegat z Indii na Międzynarodowy Kongres Liberałów Religijnych w Bostonie. Jego wystąpienie przed Kongresem i następujące po nim wykłady na Wschodnim Wybrzeżu przyjęte zostały z entuzjazmem. W 1924 roku wyruszył na transkontynentalną podróż z wykładami.

Przez kolejne trzy dekady Paramahansa Jogananda gruntownie przyczynił się dalekosiężnie do większej świadomości i uznania Zachodu dla duchowej mądrości Wschodu. W Los Angeles ustanowił międzynarodową siedzibę dla Self-Realization Fellowship – niesekciarskiego społeczeństwa religijnego, które założył w 1920 roku. Poprzez swoje pisma, liczne tournée z wykładami i zakładanie świątyń i centrów medytacyjnych wprowadził setki tysięcy poszukiwaczy prawdy w starożytną naukę i filozofię jogi oraz jej uniwersalne metody medytacji.

Obecnie duchowe i humanitarne dzieło rozpoczęte przez Paramahansę Joganandę kontynuowane jest pod przewodnictwem brata Chidanandy, prezydenta Self-Realization Fellowship/Yogoda Satsanga Society of India. Oprócz wydawania jego pism, wykładów i nieformalnych przemówień (wraz z obszerną serią *Lekcji Self-Realization Fellowship* do studiowania w domu), stowarzyszenie również nadzoruje świątynie, miejsca odosobnienia oraz ośrodki medytacji na całym świecie, a także wspólnoty monastyczne Self-Realization Fellowship i *Światowy* Krąg Modlitewny.

Dr. Quincy Howe Jr., profesor Katedry Języków Starożytnych w Scripps College, napisał: „Paramahansa Jogananda przywiózł na Zachód nie tylko odwieczną indyjską obietnicę Bożego urzeczywistnienia, ale również i praktyczną metodę, dzięki której duchowi aspiranci ze wszystkich klas społecznych mogą szybko podążać do celu. Doceniane uprzednio na Zachodzie jedynie na najbardziej wzniosłym i abstrakcyjnym poziomie, duchowe dziedzictwo Indii jest obecnie dostępne jako praktyka i doświadczenie dla wszystkich, którzy aspirują do poznania Boga, nie w życiu pośmiertnym, ale tutaj i teraz [...]. Jogananda umieścił w zasięgu wszystkich najbardziej ekstatyczne metody kontemplacji".

Słowniczek do serii „Jak żyć"

aśram – duchowa pustelnia, często klasztor

Aum (Amen, Om) – rdzeń sanskryckiego słowa, czyli podstawa wszystkich dźwięków. Dźwięk symbolizujący ten aspekt Boga, który kreuje i podtrzymuje wszystkie rzeczy; Wibracja Kosmiczna. *Aum* hinduskich Wed stało się świętym słowem *Hum* Tybetańczyków, *Amin* muzułmanów i *Amen* Egipcjan, Greków, Rzymian, Żydów i chrześcijan. Najważniejsze religie świata deklarują, że wszystkie powstałe rzeczy wzięły początek z kosmicznej wibrującej energii *Aum*, czyli Amen, Słowa, czyli Ducha Świętego. „Na początku było Słowo, a Słowo było u Boga i Bogiem było Słowo. [...] Wszystko przez Nie [Słowo, czyli Aum] się stało, a bez Niego nic się nie stało, [z tego], co się stało" (J 1,1-3).

awatar – Pochodzi od sanskryckiego słowa *avatara* („zejście"), oznaczające zejście Boskości do ciała. Kogoś kto osiągnął zjednoczenie z Duchem, a następnie powraca na ziemię, aby pomóc ludzkości, nazywamy awatarem.

Bhagawadgita – „Pieśń Pana". Część starożytnej indyjskiej epopei *Mahabharaty*, przedstawiona w formie dialogu między awatarem (por.) Panem Kryszną i jego uczniem

Ardźuną. Głęboki traktat o nauce jogi i ponadczasowa recepta na szczęście i sukces w codziennym życiu.

Bhagawan Kryszna (Pan Kryszna) – Awatar (por.), który żył w Indiach wiele wieków przed epoką chrześcijańską. Jego nauki o jodze (por.) zaprezentowane zostały w Bhagawadgicie. Jednym ze znaczeń słowa *Kryszna* podanym w pismach hinduskich jest „Wszechwiedzący Duch". Stąd *Kryszna*, podobnie jak Chrystus, jest tytułem oznaczającym wielkość awatara, jego jedność z Bogiem (Zobacz *Świadomość Chrystusowa*).

Chrystusowy ośrodek – ośrodek koncentracji i woli w punkcie między brwiami; siedziba Chrystusowej Świadomości, duchowe oko (por.).

Guru – nauczyciel duchowy. Guru Gita (werset 17) trafnie opisuje guru jako „rozpraszającego ciemność" (od *gu*, „ciemność" i *ru*, „ten, który rozprasza"). Słowo guru jest często mylnie używane w odniesieniu do dowolnego nauczyciela lub instruktora. Prawdziwym oświeconym przez Boga guru jest ten, kto osiągając panowanie nad sobą, uświadomił sobie swoją tożsamość z wszechobecnym Duchem. Wyłącznie taki ktoś ma kwalifikacje, aby prowadzić innych w ich wewnętrznej duchowej podróży.

Najbliższym angielskim odpowiednikiem słowa *guru* jest słowo *Mistrz*. Uczniowie Paramahansy Joganandy często używają tego określenia jako wyraz szacunku, mówiąc o nim lub odwołując się do niego.

Jaźń – pisana dużą literą oznacza *atmana*, czyli duszę, boską esencję człowieka, w odróżnieniu od zwykłego „ja", którym jest ludzka osobowość, czyli ego. Jest ona zindywidualizowanym Duchem, którego istotą jest błoga szczęśliwość – wiecznie trwała, wiecznie świadoma i wiecznie nowa.

joga – Słowo to (od sanskryckiego *judź – łączyć, jednoczyć*) oznacza zjednoczenie się indywidualnej duszy z Duchem; terminem tym określa się także metody osiągania tego celu. Istnieją rozmaite metody. Ta nauczana przez Paramahansę Joganandę jest radźajogą, czyli jogą „królewską" lub „kompletną", która koncentruje się wokół praktyki naukowych metod medytacji. Mędrzec Patańdźali, najwybitniejszy propagator jogi w starożytności, wyodrębnił osiem etapów, przez które przechodzi radźajogin, by ostatecznie osiągnąć *samadhi*, czyli jedność z Bogiem. Są to: 1) *jama*, moralne postępowanie, 2) *nijama*, nakazy jogiczne, 3) *asana*, prawidłowa pozycja ciała pozwalająca wyciszyć niepokój cielesny, 4) *pranajama*, panowanie nad *pranami*, subtelnymi prądami życiowymi, 5) *pratjahara*, interioryzacja, 6) *dharana*, koncentracja, 7) *dhjana*, medytacja, 8) *samadhi*, doznania nadświadome.

karma – skutki przeszłych czynów z tego żywota lub z poprzednich. Prawo karmy to prawo akcji i reakcji, przyczyny i skutku, siewu i zbioru. Poprzez swoje myśli i działania istoty ludzkie stają się twórcami własnego losu. Każda energia, którą człowiek sam, mądrze lub niemądrze, wprawił w ruch, musi powrócić do niego jako punktu wyjściowego, podobnie jak okrąg, który nieuchronnie musi się dopełnić. Karma podąża za człowiekiem od wcielenia do wcielenia, aż się wypełni lub zostanie duchowo przekroczona (zob. *reinkarnacja*).

Krijajoga – święta nauka duchowa powstała tysiące lat temu w Indiach. Rodzaj radźajogi („radźa" znaczy „królewska" lub „kompletna"), która obejmuje pewne wyższe techniki medytacyjne, których praktykowanie prowadzi do bezpośredniego, osobistego doświadczenia Boga. *Krijajoga* wyjaśniona została w dwudziestym szóstym rozdziale *Autobiografii jogina* i nauczą się jej studenci *Lekcji Self-Realization Fellowship*, którzy spełnią określone wymagania duchowe.

Kryszna – zob. *Bhagawan Kryszna*.

maja – Moc ułudy, tkwiąca w naturze stworzenia, z powodu której Jedyny wydaje się liczny. *Maja* jest zasadą względności, rozdzielenia, kontrastu, dwoistości, stanów opozycyjnych; „Szatan" (dosłownie po hebrajsku

„przeciwnik) u starotestamentowych proroków. Paramahansa Jogananda napisał:

„Sanskryckie słowo *maja* znaczy «mierniczy»; jest to magiczna moc w stworzeniu, dzięki której w Niemierzalnym i Nierozdzielnym istnieją pozorne ograniczenia i podziały. [...] W Bożym planie i zabawie (*lili*) jedyną funkcją Szatana, czyli *maji* jest próba odciągnięcia człowieka od Ducha ku materii, od Rzeczywistego ku nierzeczywistemu. [...] *Maja* tworzy zasłonę przemijalności w Przyrodzie [...]. To zasłona, którą każdy człowiek musi podnieść, aby poza nią ujrzeć Stwórcę, Niezmiennego, wieczną Rzeczywistość.

oko duchowe – pojedyncze oko intuicji i duchowego postrzegania w Chrystusowym (*Kutastha*) ośrodku *(por.)* pomiędzy brwiami; przejście do wyższych stanów świadomości. Podczas głębokiej medytacji pojedyncze, czyli duchowe oko staje się widoczne jako jaskrawa gwiazda otoczona sferą niebieskiego światła, które z kolei otacza olśniewająca aureola złotego światła. To wszechwiedzące oko jest różnie określane w pismach świętych jako trzecie oko, gwiazda Wschodu, wewnętrzne oko, gołębica zstępująca z nieba, oko Śiwy i oko intuicji. „Jeśli zatem twoje oko będzie jedno, całe twoje ciało będzie pełne światła". [...] Bacz więc, by światło, które jest w tobie, nie było ciemnością" (Mt 6,22).

paramahansa – godność duchowa nadawana człowiekowi, który osiąga najwyższy stan nieprzerwanej duchowej bliskości z Bogiem. Może ją nadać tylko prawdziwy guru uczniowi do niej uprawnionemu. Swami Śri Jukteśwar przyznał ten tytuł Paramahansie Joganandzie w roku 1935.

reinkarnacja – Dyskusję na temat reinkarnacji można znaleźć w czterdziestym trzecim rozdziale *Autobiografii jogina* Paramahansy Joganandy. Jak tam wyjaśniono, przeszłe działania ludzi zgodnie z prawem karmy (por.) pozostawiają za sobą skutki, które przyciągają ich z powrotem na ten materialny świat. Poprzez ciąg narodzin i śmierci wielokrotnie powracają na ziemię, aby tutaj przejść przez doświadczenia, które są owocami tych przeszłych czynów, i kontynuować proces duchowej ewolucji, która ostatecznie prowadzi do uświadomienia sobie wrodzonej doskonałości duszy i do zjednoczenia z Bogiem.

samadhi – duchowa ekstaza, doświadczenie nadświadome; ostatecznie jedność z Bogiem jako najwyższą wszechprzenikającą Rzeczywistością.

Samorealizacja – uświadomienie sobie swojej prawdziwej tożsamości jako Jaźni, jedności z uniwersalną świadomością Boga. Paramahansa Jogananda napisał: „Samorealizacja to poznanie – ciałem, umysłem i duszą

– że stanowimy jedno z wszechobecnością Boga, że nie musimy się modlić, aby na nas zstąpiła, że jest ona zawsze nie tylko blisko nas, ale że wszechobecność Boga jest naszą wszechobecnością i że jesteśmy już Jego częścią w takim samym stopniu teraz, w jakim kiedykolwiek będziemy. Musimy jedynie pogłębić nasze poznanie".

Szatan – Zob. *maja*.

Świadomość Chrystusowa – Świadomość Boga rzutowana przezeń w świat, która jest immanentna w całym stworzeniu. W chrześcijańskim Piśmie Świętym to „syn jednorodzony", jedyne czyste odbicie Boga Ojca w stworzeniu; w hinduskich pismach świętych to *Kutastha Ćajtanja,* kosmiczna inteligencja Ducha wszechobecnego w stworzeniu. Jest to kosmiczna świadomość, jedność z Bogiem, przejawiona przez Jezusa, Krysznę i innych awatarów. Wielcy święci i jogini znają ją jako stan medytacyjny *samadhi (por.)*, w którym ich świadomość staje się identyczna z boską inteligencją w każdej cząstce stworzenia; odczuwają oni cały wszechświat jako własne ciało.

Świadomość Kosmiczna – Absolut; Duch istniejący poza stworzeniem; także medytacyjny stan *samadhi*, stan jedności z Bogiem zarówno poza wibracyjnym stworzeniem, jak i wewnątrz niego.

świat astralny – subtelny świat światła i energii, który znajduje się poza fizycznym wszechświatem. Każda osoba, każdy przedmiot, każda wibracja w sferze fizycznej ma swój astralny odpowiednik, ponieważ wszechświat astralny (niebo) jest „odbitką" wszechświata materii. Świat astralny i jeszcze subtelniejszy świat przyczynowy, czyli ideowy świat myśli, opisane są w *Autobiografii jogina* Paramahansy Joganandy w rozdziale 43.

Książki Paramahansy Joganandy w języku polskim

Do nabycia na www.srfbooks.org lub w innych księgarniach internetowych

Autobiografia jogina

Joga Jezusa

Jak można rozmawiać z Bogiem

Medytacje metafizyczne

Naukowe afirmacje uzdrawiające

Naukowy aspekt religii

Pamiętnik duchowy

Prawo sukcesu

Tam, gdzie Światło

Mądrości Paramahansy Joganandy

Spokój wewnętrzny

W sanktuarium duszy

Żyć nieustraszenie

Dlaczego Bóg dopuszcza zło

Jak odnieść zwycięstwo w życiu

Inne tytuły w serii „Jak żyć"

Paramahansa Jogananda
Wysłuchane modlitwy
Uzdrawianie nieograniczoną mocą Bożą

Śri Mrinalini Mata
Związek guru-uczeń

Książki Paramahansy Joganandy w języku angielskim

Autobiography of a Yogi

God Talks With Arjuna: The Bhagavad Gita
— *A New Translation and Commentary*

The Second Coming of Christ:
The Resurrection of the Christ Within You
— *A Revelatory Commentary on the Original Teachings of Jesus*

The Yoga of the Bhagavad Gita

The Yoga of Jesus

The Collected Talks and Essays

Volume I: Man's Eternal Quest
Volume II: The Divine Romance
Volume III: Journey to Self-realization

Wine of the Mystic:
The Rubaiyat of Omar Khayyam
— A Spiritual Interpretation

Songs of the Soul

Whispers from Eternity

Scientific Healing Affirmations

In the Sanctuary of the Soul:
A Guide to Effective Prayer

The Science of Religion

Metaphysical Meditations

Where There Is Light
—Insight and Inspiration for Meeting Life's Challenges

Sayings of Paramahansa Yogananda

Inner Peace
—How to Be Calmly Active and Actively Calm

Living Fearlessly
—Bringing Out Your Inner Soul Strength

The Law of Success

How You Can Talk With God

Why God Permits Evil and How to Rise Above It

To Be Victorious in Life

Cosmic Chants

Nagrania audio Paramahansy Joganandy

Beholding the One in All

The Great Light of God

Songs of My Heart

To Make Heaven on Earth

Removing All Sorrow and Suffering

Follow the Path of Christ, Krishna, and the Masters

Awake in the Cosmic Dream

Be a Smile Millionaire

One Life Versus Reincarnation

In the Glory of the Spirit

Self-Realization: The Inner and the Outer Path

Pozostałe publikacje Self-Realization Fellowship

The Holy Science
Swami Sri Yukteswar

Only Love
—Living the Spiritual Life in a Changing World
Sri Daya Mata

Finding the Joy Within You:
Personal Counsel for God-Centered Living
Sri Daya Mata

Intuition
—Soul Guidance for Life's Decisions
Sri Daya Mata

God Alone
—The Life and Letters of a Saint
Sri Gyanamata

"Mejda"
—The Family and the Early Life of
Paramahansa Yogananda
Sananda Lal Ghosh

Self-Realization
*(czasopismo założone przez
Paramahansę Joganandę w 1925 r.)*

Nagrania DVD

Awake: The Life of Yogananda
– film nakręcony przez CounterPoint Films

Kompletny katalog książek i nagrań audio/wideo – zawierający rzadko spotykane archiwalne nagrania Paramahansy Joganandy – jest dostępny na żądanie na www.srfbooks.org.

Lekcje Self-Realization Fellowship

Naukowe techniki medytacji nauczane przez Paramahansę Joganandę, w tym *Krijajoga*, jak również jego wskazówki dotyczące wszystkich aspektów zrównoważonego życia duchowego — przedstawione są w *Lekcjach Self-Realization Fellowship*.

Więcej informacji można znaleźć na stronie www.srflessons.org.

Self-Realization Fellowship
3880 San Rafael Avenue • Los Angeles, CA 90065-3219
TEL +1 (323) 225-2471 • FAX +1 (323) 225-5088
www.yogananda.org

Opublikowane również przez Self-Realization Fellowship

AUTOBIOGRAFIA JOGINA
Paramahansy Joganandy

Ta ciesząca się ogromnym uznaniem autobiografia to jednocześnie pasjonująca historia niezwykłego życia i wnikliwe, zapadające w pamięć spojrzenie na najistotniejsze tajemnice ludzkiego bytu. Uznana po pierwszym jej wydaniu za doniosłe dzieło literatury duchowej, pozostaje nadal jedną z najpowszechniej czytanych i najwybitniejszych książek z zakresu mądrości Wschodu, jakie dotąd opublikowano.

Z ujmującą szczerością, elokwencją i dowcipem Paramahansa Jogananda przedstawia inspirującą kronikę swojego życia – doświadczenia niezwykłego dzieciństwa, spotkania z wieloma świętymi i mędrcami podczas swoich młodzieńczych poszukiwań oświeconego nauczyciela, które prowadził w całych Indiach, dziesięć lat nauki w pustelni szanowanego nauczyciela jogi oraz trzydzieści lat życia, i nauczania w Ameryce. Opisuje również swoje spotkania z Mahatmą Gandhim, Rabindranathem Tagore, Lutherem Burbankiem, katolicką stygmatyczką Teresą Neumann i innymi słynnymi postaciami duchowymi Wschodu i Zachodu. Książka zawiera także obszerny materiał, który [Paramahansa Jogananda] dodał już po ukazaniu się w 1946 roku pierwszego jej wydania oraz końcowy rozdział o ostatnich latach jego życia.

Uznana za klasyczne dzieło współczesnej literatury duchowej, *Autobiografia jogina* wprowadza nas głęboko w starożytną naukę jogi. Została przetłumaczona na wiele języków i jest powszechnie studiowana w college'ach i uniwersytetach. Obecna stale na liście bestsellerów, książka znalazła sobie drogę do serc milionów czytelników na całym świecie.

„Niebywała historia". – *The New York Times*

„Fascynujące i opatrzone klarownymi komentarzami studium". – *Newsweek*

„Nigdy dotąd nie napisano w języku angielskim ani w żadnym języku europejskim równie doskonałej prezentacji jogi". – *Columbia University Press*